외기러기의 고해

정재호 시인은 1941년 경주에서 출생하였다. 성균관대학교 약학대학을 졸업했으며, 재학 중 지하시동인을 결성했다. ≪심상≫으로 등단했으며, 시집으로 『광나루 산조』, 『바람의 회향』, 『들국향기로 건너는 세상』이 있다.

리토피아포에지 · 68
외기러기의 고해

인쇄 2017. 8. 25 발행 2017. 8. 30
지은이 정재호 펴낸이 정기옥
펴낸곳 리토피아
출판등록 2006. 6. 15. 제2006-12호
주소 22162 인천 남구 경인로 77(숭의3동 120-1)
전화 032-883-5356 전송 032-891-5356
홈페이지 www.litopia21.com 전자우편 litopia@hanmail.net

ISBN-978-89-6412-089-7 03810

값 9,000원

이 도서의 국립중앙도서관 출판예정도서목록(CIP)은 서지정보유통지원시스템 홈페이지(http://seoji.nl.go.kr)와 국가자료공동목록시스템(http://www.nl.go.kr/kolisnet)에서 이용하실 수 있습니다.(CIP제어번호: CIP2017021104)

정재호 시집

외기러기의 고해

리토피아
LITERATURE & UTOPIA

시인의 말

나이는 잊고 살아가라는 선인의 조언이 있지만 세월이 지나가면 몸도 마음도 함께 가야 하는 걸 어찌 하랴. 매순간 마지막이라 생각하고 모든 일에 성실한 노력을 기울이는 집념으로 살아가야 하지 않을까 싶다.

아내가 떠난 지 일 년 육 개월, 생시인지 꿈속인지 혼란 속에 하루하루를 보내고 있다. 떠나기 전 내 신작 시집을 봤으면 하는 염원을 이야기했다. 투병하는 사람 뒷바라지만 집중해도 모자라는 시간에 가당치도 않은 이야기였지만 시도는 해보겠다는 답은 했다. 그러나 그 말은 위안의 뜻이었고 안정된 상황에서나 집중해야만 할 수 있는 시간도 필요한 작업이 아닌가.

지금도 혼란 속을 헤매는 것은 한결같다. 몇 편은 새로 쓴 작품이지만 나머지는 이미 발표했던 작품을 개작하거나 첨삭한 것들이다.

이천에 온지 십오 년이 지났다. 초보 농사꾼으로 이제는 외기러기로 농사일을 하고 있으나 체력이 따라주지 않는다. 남은 책무를 완수하려면 시간이 필요하다. 맑은 정신과 받침할 건강을 열심히 챙기면서 정진하고자 한다.

竹史齋에서 2017년 가을 정재호

차례

제1부

제2부

제3부

제4부

| 제1부 |

새

파아란 하늘
맑은 바람 타고
태어난 숲속
옛 둥지로
날아가고 싶은 때가 있습니다.

날아다니며 머물렀던 나무마다
궂었던 일 좋았던 일.

옛 짝과 나누듯
해 지는 줄 모르고 재잘거리면
듣고 있던 잎새들
퍼덕이며 날아오르고 싶어 합니다.

외기러기의 고해

오십여 년 서로 의지하며 보낸 세월
아름다운 꿈결이었습니다.

되돌아가고 싶은 그 길을 오늘도 더듬어 가봅니다.

사별이란 돌이킬 수 없는 이승에서 영원한 이별이지만 당신의 옛 모습 앞에 커피 한 잔 향 한 촉 피워놓고 기도드리며 영적 교감 이뤄보고 싶어 마음 가다듬어 염원의 촛불을 켭니다.

이 순간이 지나면 혼란이 일고 가눌 길 없어지면 무념에 빠져 헤매는 외기러기가 됩니다.

영원한 꿈결 속 한 번이라도 조우할 수 있다면 깨어나고 싶지 않습니다.

당신을 사랑합니다.

사랑했습니다.

고통도 고생도 많으셨습니다.

그래도 따사롭고 아름다운 꿈 함께한 세월 행복했습니다.

날아간 화사하고 안유로운 곳

못 다한 즐거움 여유롭게 누리시며 왕생극락 이루소서.

사불산四佛山

1.
부처님이 꽃 공양을 제일로 반기시는 건
세파世波에 부대끼어 상혼傷魂 많은 중생
밝고 바른 마음 꽃피워
한 세상 건너보라는 것
아니실까.

사불산 부처님은
티 없이 맑고 착한 마음만 거두어서
미묘한 꽃향기로
설법說法하고 계시네.

2.
한 생 쉼 없이 닦아온 마음길
한 줄기 환희歡喜의 바람으로
사불산에 오르셨고

이 법문이 꽃씨로 날아가
인연 닿는 곳마다 꽃밭 이루면
온 세상 향기롭고 즐겁지 않은 곳 있을까.

강촌화江村畵

화선지에 내려앉은 묵향墨香 한 점
몇 갈래 번져가다
큰 흐름의 생명 만나면
강물로도 어울려 지내.

험준한 산 몇 구비
넓은 들판 가로질러 흐르다
고단함
잠시 쉬어가는 강촌.

만나고 헤어진 수많은 얼굴
떠오르지 않아
되돌아 흘러보니
꿈같은 세월 아쉬움만 누비네

그 편린들 흘러들어

소중했던 순간들이
넘실대는 호수.
결빙의 계절 물러나면
꽃피는 강촌으로 흘러가
호수에서 쉬어 보리라.

사과

멀리서 바라만 보면서
가슴 떨려 다가가 손 잡아 보지 못한
안타까움
오랜 기다림 있었네.

참고 견디는 괴로움
하얀 속살로 타버린
순결로만 쓸 수 있는 사연.

전하지 못한 아쉬움
돌이킬 수 없는 허망함
나뭇가지에 매달아 두고
애달픔 달아오를 적마다
입김 불어 보내면
빨갛게 사과로 익기나 할런지.

나무기러기 · 1

나막칼로
기러기 한 마리 깎아봅니다.

허망이 잠든 세월
그 껍질을 벗겨내고 속살로 굳은 상처
옹이와 결을 깎아
기러기 몸매를 다듬어 가면
거친 세상살이 맞고 넘겼던
기쁨과 아픔
다시 맞는 순간도 있습니다.

이제
고운 부리로 부를 노래와
새로운 비상을 상상하며
날개를 마무리하고 있습니다.

나무기러기 · 2

어둠 속에
나무 기러기 한 쌍이 어우러졌습니다.

하늘이고 땅이고 둥지인
사방탁자.

나래 펴서 날아오를 수도
소리 내어 사랑을 표현할 줄도 모르는
마음으로 오가는 경상도식
사랑입니다.

눈빛으로 날아 오가고
눈빛으로 울고 웃고
눈빛으로 주고받는 밀어.

가끔

감동의 물결로 잔잔하게 밀물져와
애잔한 가슴 저며 놓기도 합니다.

나무기러기 · 3

나무기러기는
긴 세월 어둠 속 두려움 털고
새로운 날갯짓을 합니다.

나무기러기가 날았던
하늘은
서러움에 솟구친 구름산
쉼 없이 울먹이며 너울 치는
아픈 바다만 보였습니다.

시퍼렇게 살아 출렁대는 애환의 바다
사랑하는 별들과 만나는 행운도
있었지만
부채의 눈이 덮인 구름 벼랑에서
세월의 종점에 서 보기도 했습니다
〉

나무기러기는
다난했던 허욕의 세월 털어버리고
소담한 둥지 찾아서
날아가고 있습니다.

텃밭

섬세한 손길로
곱게 일군 긴 밭고랑에
씨 뿌리고 알뜰하게 가꿔서
풍요로운 가을걷이
그 흔적
잡초 밭에 묻어놓고
아내는 떠났다.

풀포기마다 맺힌 사연
어디에 숨었다
봄마다 아린 추억으로 피어나
바람을 흔들고 있나.

낫으로 베어내고
오십 년 돌아보니
개망초꽃으로 덮인

아픈 봄날.

아른거리는 아내의 발자취
따라……

개나리

일 년 내내 전화도 없다
엽서도 한 장 없다

무심했던 생각 스치며
텅 빈 머릿속 다 헤집어 놓는다.

눈송이 몇 잎 날려
기쁜 소식 있을 것 같더니
먹구름 덮치자
심장에 천 근 무게 추를
드리워 놓았다.

봄이 오고 강물이 풀리면
홀로 꿈 심던 황량한 들녘에서
캐낸 그리운 말들을
뜨락에 심어 울타리 치고

팔 뻗어 기다리던 나무 가지마다
노란 꽃등 피워
길 밝혀 봐야겠다.

풀밭

아지랑이 피어오르자
잊혀 가던 사연들이
하나 둘 새 싹으로
머리를 내미는 풀밭.

오랜 아픔과 고통 견디지 못해
쓰러졌던 영혼들이
이름 없는 풀로라도 오고 싶은
곳인가 봅니다.

바람이 불면
슬픔을 지우려 흔들어 보고
아픈 고통 털고 싶어
몸부림도 칩니다.

비가 내리면

쌓였던 고난
어렵게 넘긴 고통
씻어내고 새 생명으로
상큼하게 피고 싶었나 봅니다.

팔당에서

팔당에서
마신 술
묵은 근심
풀어서 여울로 흘려보내네.

다 벗은 마음으로 잔잔하게 흘러가면
잊었던 평상심 눈웃음으로 찾아오네.

갈래진 곳
갈등 생겨도
편안한 물길로 흐르면
미운 정 고운 정 나누던
한 물길
험난했던 순간마다
토닥여 주던 아내의 비단결 같은 마음도
어울려 흐르네.

〉

평생 보듬고 흐르던
부드러운 사랑의 물길
연못에 이르면
한 쌍 연꽃으로 피고 싶어라.

자경일기

요즈음
돌을 가려내고
밭고랑을 일구느라
흙에 묻혀 지냅니다.

돌은
흙과 스스럼없이 섞여
버틸 힘이 약한 흙의 받침도
싫어하지 않습니다.

돌은
언제 어디서나 중심을 낮추려 하면서
은둔하려는 의지를 감추려 하지 않지만
그 뜻을 밝히려고도 하지 않습니다.

때로는 ———

힘에 밀려 이곳 저곳으로 옮겨 다니며
부셔져 모양이 변하고 무게는 삭감 되지만
돌로서 당당함을 잃지 않습니다.

자연에 순응하며
본성을 지켜가는 정신이 빛납니다.

흙과 돌이 어우러진 밭에서
일하며 익힌 정신
가꾸고 닦아가며 살아 보렵니다.

| 제2부 |

춘곤春困

온 산 자갈뿐인
산촌에 살았다.

산나물 망태기로
허기 달래며 명줄 이은 가난이
꿈속에 찾던 마을에서 호사도 누려봤지.

다난한 삶의 여정
풀고 넘었지만
응어리 백인 고난의 아픔
풀리지 않았다.

평생
터진 독 태 메어 쓰듯
허기져 쓰러져도 넘었던 보리고개
봄날은 늘 피곤했다.

대관령을 지나며

살아오면서
온 세상 다 얻은 듯
환상의 구름바다
떠돌며 즐기던
희열의 순간도 잠깐.

아득한 절망의 골짜기로
떨어져
암담한 험곡 헤집고 다니며
생의 마지막이다 체념한 순간도
있었지.

그 상흔과 행운들이
험준한 계곡과 푸르른 나무 등걸로
어우러지면
대관령도 이루겠네.

〉

내 굴곡 많았던 삶

오르내리던 고단했던 악몽

여기서 다시 보게 되네.

감포甘浦 바다

살다 보면 큰 고난을 만날 때도 있습니다.

무너진 의욕 허물어져 가는 육신
다 벗어버리고 싶은
절망의 위기 때
감포 바다를 찾았습니다.

크고 작은 파도와 해풍이
위협하고 회유도 하지만
갈등으로 고민 생기는 곳에
해석海石들이 가지런히 자리잡고
모난 육신과 상처 받은 마음을
가다듬으며 치유하고 있습니다

부드러움으로 사나움을
인내로 갈등을 깨치는 도량道場을 만났습니다.

〉

허욕과 악몽을 씻어내고

바른 정신을 닦아가렵니다.

탐석探石

겨울바람 사납게 몰아치는
북천 강변을 헤매다
귀한 돌 하나 찾아 품고 왔다.

꾸밈없이 살아가는 소탈한 사람
만나기도
흙허물 덮고 어울려 살기도
어려운 세상.

자연의 순리대로 다듬어진 모양
세월이 흘러도 변덕 없는
과묵하고 순박한 돌.

어려운 일 만나
마음 다스리기 어려울 때
마주하면

낮은 곳으로 내리는 강물에 몸 맡겼던
돌이 겪어온 이야기 들을 수 있다.

봄비 · 1

봄 같지 않는 봄날
돌아누우면 채근하는 어머님 말씀
베개 맡에 쌓입니다.

오십 되거든 고향 내려와
밭이나 띄지며 맑은 생각 먹고
살아래이
살아보니 한 생 잠간이드라.

환상과 욕망의 불길
온 세상 다 태울 듯
광풍처럼 몰아가 쓸어 봐도
허망한 재만 쌓이던
젊은 가슴.

오늘은

어머님 말씀으로 내리는 봄비에
예순의 열기 식히러
고향에 왔습니다.

봄비 · 2

움츠린 꽃망울이
벙글지 않아
몇 밤을 지새워도
꽃망울은 벙글지 않아.

꽃샘바람 살 속 휘저은 뒤
훈풍 어루어도
앳된 얼굴
그리움만 잎 접어
애달게 하네.

이 밤 봄비 내리면
미소 띤 해맑은 아침 얼굴
볼 수 있을까.

앓는 아내의 이마

열 식혀 주련 듯
촉촉이 젖어들며 나부끼는
봄하늘에 비 한 자락.

투병기鬪病記 · 1

혈압계를 오르내리는
길고도 지루한 미로
헛것이 수없이 나타났다 사라진다.

장기에서 골수까지
잠식해 마비시키는
병균의 무차별 횡포.

수액으로 버티며
초음파로 찾아도
보이지 않는 생명의 탈출구.

죽음과 삶의 터미널
떠나고 싶지 않은 영혼
고통으로 몸부림치는 육신

뒤엉킨 신음소리 떠다니는

중환자실.

투병기闘病記 · 2

고열이 오를 때마다
얼음주머니 양 날개 달고
환각과 고통을 벗고
깃털보다 가벼이 날고 싶었다.

상심하는 식솔들
조바심과 허탈을 남긴 체
몽롱한 꿈속을 더듬어
가고 또 갔다.

캄캄한 긴 터널 그리고 가시밭길
벗어나자
저승은 온통 꽃밭이었다.

깨고 보면 이승인데
저승 가는 길 두렵고 지루한 행로였다.

우기雨期

잃어버린 왼쪽 얼굴 찾아 헤매던
그 해 여름
비는 지루하게 쏟아져
삶의 한 쪽은 떠내려갔습니다.

표현과 감성 없는
반쪽 얼굴 반쪽 세상.

빗물은 마비된 신경을 타고
가늠 없는 분노와 바다로 갔지만
태풍으로 되몰아 와 광난狂亂 했습니다.

비구름은 햇살을 헤집고
절망과 우울 비 뿌리고
밝은 미소 편안한 마음은
사라졌습니다

열병앓이

어매요
북천매운 바람 가고
고모집 뒷마당 감나무가요
칭얼대는 여린 잎사귀 매달구요
꽃으로 몰려드는 벌 떼들
쫓아내고 있대요.

어매요
찬 물수건으로 이마 식히며
뒹굴던 방
안개만 부옇게 퍼지고요
들창 밖 별들이 날아가
별 밭에 불 댕기고 있대요.

어매요
올봄 고모집 감나무에

감꽃이 흐드러지게 피내요

어릴 적 열병
피어오르던 안개 헤치고
벌들이 날아다니며
별 밭에 내 쓸쓸함을
불 붙이고 다니데요.

소나기

눈썰미 이쁘디 이쁜
그니
토라진 마음 혼자 끓이다
중천에 비구름으로 떠돌며
숨겼던 아픔 지우려 애 태우네

부서지고 무너지며
잡석 바닥에 뒹굴며 울분 삭이느라
가슴은 쑥대밭 되었지.

소나기 한 줄금
확 쓸어버렸으면.

활활 타들어가던
재 쌓인 가슴

말갛게 비운 그니
얼굴 한 번 봤으면.

산행山行

이른 봄 산을 오르다
길섶에 피었던 꽃자리를 살핍니다.

꽃은 어디쯤 꽃씨로 숨어서
사라질 잔설과 싹 틀 시간
가늠하며 엿보고 있는 듯

조급한 마음은 태어날 꽃의 모양
표현할 빛깔
벙글 시간을 살피게 합니다.

길섶에
꽃은 없고 마음 머물던 자리
잔설이 눈부십니다.

| 제3부 |

토장국

다 떠난 빈 마당 자주 내다보시던 어머니
노년 외로움 뭐로 풀고 지냈을까.

넘침도 모자람도 없으시던
어머님
어려운 일 있으면
옷고름 열고 부채질로 푸시던
그 손맛으로 끓인 토장국.

저녁나절 멍석에 둘러앉아
차린 밥상에 토장국
일하며 끓인 속 풀던
그 냄새.

달빛이 왜 유정하게 어리는지
이제사 그 손맛 알 것 같네.

사모곡思母曲 · 1

마지막 새벽
황촉 어둠 사루고
향불 피워 고별인사 올립니다.

붉고 푸른 만장
바람 휘몰아치고
하늘은 부슬비를 내립니다.

굽으신 잔등으로 건너신 어머님
이승 마지막 길
회한의 지팡이 짚고 따르니
세상 다 무너진 듯 북받치는
슬픔 가눌 길 없습니다.

밤 개울 낭랑히 흘러가듯
세상일 덕담 담아 일깨워 주던

어머니
달빛 벗 삼아 재봉틀 돌리며
어렵게 지낸 세상사 삭이던
어머니
옥색 모시적삼 마름지어
선녀 같이 차리시고
홀연히 어디로 가시렵니까.

사모곡思母曲 · 2

바르게 착하게 살라시며
종아리 매질로 일깨워 주시던
어머니의 싸리나무 회초리

손길만 스쳐도 탐스레 열어
풍요로웠던 어머니의 채전밭
서성이니 스치는 바람결
꾸지람하는 어머님 목소리
귀 울리네.

이웃과 인정 길어 나누던
두레박 사라지고
정담 가득 잠긴
우물가
제가 종아리 걷고 서있습니다.

사모곡思母曲 · 3

구비구비 돌아 오르는 산길
가랑비는
가파른 보리암 오르시던
어머님 이마에 맺힌
땀방울입니다.

어렵게 살아가시면서 즐기던
보살행菩薩行
고루 베풀지 못한 어머님의 한恨
한 자락 파초잎으로 자라서
비에 젖고 있습니다.

그늘진 이승 살이
내리는 빗소리는 천상에서 독경하는 어머님
울림입니다.

은장도銀藏刀

어머님이 평생 가슴에 품었던
은장도.

풍문風聞으로 넘어오는
빈 소문 자르다
절로 날 선 살기殺氣
어둠 속에 잠재우려 하셨지.

어둠 속 들리는 것
지친 바람 소리뿐.

지친 바람에 섞인
검불 같은 헛소문 자르는
정교한 칼질소리뿐.

〉

어머니는 늘 정갈한
귀 열고 사셨지.

고향집

인연 닿아 어울려 살다
바람 따라 흩어진
고향집
마당에 잡초만 무성하다.

채전밭에 물대고
닭 모이 주시던
어머니의 종종 걸음도 보이고

밤 당직 서시고
새벽 대문 들어오시는
아버지
무거운 어깨도 보인다.

어린 시절 꿈속에
영롱하게 떠올라 반짝이는

별들
보고 싶은 그리운 얼굴들
회상의 계단 오르고 올라도
불러주는 별 하나도 없다.

저문 마당에 우거진 잡초
바람마저 아쉽게 스친다.

옛 고향집

꿈결에나 찾아가는
옛 고향 마을.

긴 보리밭길 지나
종아리 걷고 개울물 건너면
구름 머무는 선도산이 있다.

어머니 손잡고
고부랑길 돌고 돌아서 가면
옛집 싸리나무 문밖에
옛 생각이 반겨 주고 있네.

앞마당에 장대비 쏟던
뭉게구름 떠있고
토담길 따라오는 바람
흙냄새 옛 그대론데

못 나눈 정담 한 자락
풀고 가면 가벼우련만.
뒷뜨락 지키는 앵두나무
아쉬운 추억 잎 피워 팔락거리며
옛 생각에 잠긴 우물
등 떠밀어 들여다보게 하네.

바람 · 1

뒤안 대숲에
새벽잠 없으시던
할아버지 기침소리 서성인다.

가을달 떠오른
머리 평풍에
벽오동 가지 바람을 흔들고 있다.

젊은 객기로 떠돌던
할아버지 허기진 바람기가
사람 냄새 나는 곳이면
다 쓸고 다니셨나 봐.

뒷산에
그 많은 사연 할아버지 바람이
맥없이 묻히던 날

내 바람도 고향에 묻어둘 걸.

천방지축 떠돌며
아까운 젊음
다 날려 버렸지.

사라져가는 대숲에
늙은 바람인가 서성이고 있네.

바람 · 2

시들어가는 풀꽃에 기대어
잠든 바람은 홀아비다.

풀잎에 맺힌 꿈 훑어
해장解腸 하거나
아물거리는 이야기 속
버석거리는 몇 가닥 희망이 거나
사랑에 빠졌던 감포 앞바다의
끝없는 탄식이거나
자신을 다스릴 줄 아는 세상 모든 것은
앞서 달아나고
어디로 갈 바 몰라 헤매는 바람은
늘 홀아비다.

모든 바람 사라진

술잔에 남아
출렁이는 것은 홀아비 바다.

바람 · 4

산의 무게로
산의 허상을 무너뜨리고
산의 자리에 앉는다.

바다의 넓이로
바다의 심중心中을 뒤집어 놓고
바다의 자리에 눕는다.

산의 허상을 무너뜨리려면
먼저 자신의 허상이 무너져야 한다.

바다의 심중을 뒤집어 놓으려면
먼저 자신의 심중이 뒤집혀져야 한다.

산의 무게로 무너지고
바다의 넓이로 뒤집어진

바람
어머님 품속은 많은 허상이
잠들어 있다.

산은 산대로
바다는 바다대로
바람의 쉼터였다.

겨울바람

바람은 늘 혼자 운다.

밤이면
추위 속 혼자 떠돌던
혼령 하나
내 어깨에 산발한 머리 뉘일 때
바람은 비로소 소리 내어 운다.

잃어버린 사랑을 찾아
겨울밤 꿈 속 뒤척이며 헤매다
새벽에사
실성한 그 바람의 애절한 절규를
들을 수 있다.

오늘은 어느 곳을 떠돌면 만날까
사랑이 그리운지

전신주에 앉아 울다
목이 쉬었다.

가을에

고독으로 헝클어진
여인의 머리결을
휘젓고 사라지는 바람

시들어가는 꽃
허물어져 가는 여인의 순결
마지막 사랑으로 다시 피어날 수는 없을까

소중하게 간직했던 예쁜 꿈
머리에 꽂고
회상의 화병에 잠긴
사랑했던 여인의 그윽한 향기여.

닫혔던 추억
들국 향기 타고

삼삼하게 날아오르는
나비 한 마리.

가을바람

아늑했던 느티나무 그늘
안개로 피어오르고
아스라한 추억 위로 달려가는
귀성열차
스치는 풍물들 새롭게 변모하고 있어
낯설어라.

옛 모습 더듬어 찾아 봐도
잠자리 어지러이 날던
빈 들판
어디로 갈 바 몰라 하느적거리는
가을바람.

| 제4부 |

낙화

예쁜 단장으로
아침 이슬 머금고
한 계절 화려한 꿈속
어여삐 살았지.

부질없어라
착난의 기쁨
아름다운 미소에 쏟아지던
부러운 눈길 다 외면하고
사그라지는 꽃의 허망.

꽃의 꿈은
나비처럼 날아가다
마음 닿는 곳
시들지 않는 환한 꽃으로
피고 싶은가 봐.

철거민촌

불암산 민 바위에 스쳐가는
달빛인 듯 세 들었다
그믄 바다에 조금 빠지듯
떠나온 달동네.

냇가에 어리는 희미한 달빛 안고
빈손으로 돌아오는 날은
부황난 바람마저 휘몰아치고
흙탕물에 고달픈 하루 씻고
돌아보면
허망하게 연탄재만 쌓여갔다.

가난끼리 부딪히는 이웃
짧은 겨울해의 절망 안고
합판 벽에 의지해
한숨으로 긴 밤 지새우며

무능함을 탓해 보기도 했다.

뚫어진 천정으로
위안의 별빛 쏟아져도
흐르던 눈물마저 메말라 갔다.

절망의 빗소리에 갇혀 지낸
1970년대 상계동 철거민촌.

제주에서 · 1

청명한 하늘 마루에 내려앉은
휴일
뭉게구름 타고 날아봅니다.

누가 떨군 눈물방울인가
섬 하나 떠올라
애잔하게 울먹이는 파도를
보듬어주고 있습니다.

우수의 바다가 잠들고
열린 쪽빛 하늘
유채꽃이 춤추며
반겨줍니다.

잠든 바다를 깨우는
해녀의 휘파람 소리

돌하루방이 지켜온 한라의 함성입니다.

그리움의 편린
탐라의 구름
한가로이 한라산을 오릅니다.

제주에서 · 2

저문 제주바다 바라보면
지친 여심旅心 풀어주는
파도에 몸 던져
흥겹게 춤추는 춤꾼이고 싶다.

뭍에서 바다로 다시 섬으로
떠도는 고단한 여정旅程
자유인의 고독

벼랑에 홀로 서있는 해송
누구를 떠나보낸 아쉬움에
울먹이고 있나.

만나면 떠남을 준비하는 인연들
바다는 슬픔을 털어버리듯 울부짖고

그 목청으로 부르는

마지막 소리꾼이고 싶다.

별리別離

사랑의 가슴앓이
애처롭지만 아름다웠던
시간들.

마음 닫는 마당귀마다
보랏빛 꽃은 곱게 벙글었고
이별이 시작되면서
빛을 잃어갔다.

가을볕에 다 익은 과일
거둬들이기 두려웠던 사랑
이루지 못한 허탈에 빠져
추억 어린 거리를
방황하고 있지 않을까

부드러운 미소 처음 모습이

떠오르는 그 여인.

불국영지佛國影池

오늘도
미완의 석가탑을 쌓아가는 이들이여
돌을 자르고 다듬어서 탑을 쌓아가듯
사랑을 다듬고 쌓아가면
염원하던 사랑의 탑을 얻지 않을까.

아니다
아사달은 불국정토를 찾아
석가가 고행으로 바른 깨달음에 올랐듯
탑을 쌓아 가는 수행修行으로
사랑을 다듬는 고행苦行을 하고 있었네.

국경을 넘나들며
연꽃을 가꾸던 영지에
몸 던저 사랑의 탑을 완성한
아사녀.

불꽃으로 승천
연꽃으로 환생한
사랑의 탑을
영지에서 만날 수 있네.

남산부석南山浮石

경주 동남산을 오르면
말 같은 말 하는
바위 하나 떠올라 반겨준다.

땅을 넓히고
별 보고 길흉을 읽었던
신라인의 밝은 마음이
흔들어 왔던 바위.

한 사람 지혜의 미풍에도
마음 열어 화답하고
백 사람 만용의 태풍에도
무게 담긴 위용 보여 깨우침 주었던
세상을 달관한 바위.

말은 무겁게

행동은 겸손하게
천 년을 갈구고 닦아 위용 갖춘
말 같은 말하는 바위
떠 있다.

겨울 산새

토방 뜰에 눈이 쌓이면
산새들이 날아든다.

포근한 아침나절
고운 짝과 머물던 그리운 자리 더듬어
잊었던 세월
부리로 쪼아가며 찾아 헤맨다.

추억의 눈발로
허망하게 씻어내리는 하얀 하늘
잊은 짝 찾아
애달피 재잘거리며
산으로 날아간다.

백률송순栢慄松荀

동경 달 밝은 밤
사랑을 태우다 혼절했던 여인들
북천 건너는 밤길을 알았을까.

돌다리마다 걸린 참회의 유등
밝혀주는 물길 건너
백률 솔숲을 오르고 올랐다네

꺾이고 부러져도
솔순으로 다시 돋아나듯
여인의 순결을 찾아주는
소나무.

솔내음에 젖었다
내려오면
달 떠오르는 밤이 기다리고 있었네.

압지부평鴨池浮泙

안압지에 통나무배 띄워
천 년을 거슬러 가도
신라 여인의 애잔한 사랑에는
이르지 못하겠네.

연꽃 한 송이 두고
싸움터로 떠나 돌아오지 않는 남정네
불더미에 몸 던져 뒤따른
여인의 타오르는 사랑
어이 애달프다 아니 하리

서라벌의 바람이 달아오르는
칠월 칠석
인연으로 맺은 전생의 연꽃끼리
안압지 물 다 마르도록 사랑한들

신라 여인의 애통한 염원에는
이르지 못하겠네.

봉덕사의 종(애밀레종)

1.
천 년을 하루 같이
한 생명 안녕을 기도 올려 주는
성인 있을까.

손가락으로 튕겨도
천 년 잠 깨어
천상의 소리로
헝클어진 세상
편안하게 풀어내는 주술呪術 있을까.

2.
인간의 체온으로 만근萬斤 청동을 녹인
감동으로 모든 생명들 고난 풀어
비천의 길 열어 보이는
영혼의 울림이여.

뉘 한 몸 던져
기울어 가는 불국토 버틸
기둥 되길 소원하랴.

어린 봉덕
장엄한 등신불 찾아
삼보일배三步一拜
천 년을 거슬러 오르고
오르노라

오능의 달

천 년 삭인 푸른 꿈
휘굽은 소나무 등걸에 누워
농염지게 익어가는
오능의 달.

신라 여인의 부푼 가슴
숨결 따라
첫사랑의 강물 스며들면
설레이는 온 밤을 어느 꿈속 헤매며 지샜을까.

황홀하게 짙어가는
여인의 살내음 따라
신라로 떠나가는 달밤
이 물길.